문학과지성 시인선 60

가끔은
주목받는
生이고 싶다

오규원 시집

문학과지성사에서 펴낸 오규원의 시집

왕자가 아닌 한 아이에게(1978; 개정판 1995)
이 땅에 씌어지는 서정시(1981)
사랑의 감옥(1991; 개정판 1995)
길, 골목, 호텔 그리고 강물소리(1995)
한 잎의 여자(시선집; 1998)
토마토는 붉다 아니 달콤하다(1999)
오규원 시전집 1·2(2002)
새와 나무와 새똥 그리고 돌멩이(2005)
두두(2008)
나무 속의 자동차(동시집; 2008)
분명한 사건(2017, 시인선 R)

문학과지성 시인선 60
가끔은 주목받는 생이고 싶다

초판 1쇄 발행 1987년 10월 5일
초판 12쇄 발행 1989년 3월 5일
재판 1쇄 발행 1994년 12월 30일
재판 13쇄 발행 2024년 10월 24일

지 은 이 오규원
펴 낸 이 이광호
펴 낸 곳 ㈜문학과지성사

등록번호 제1993-000098호
주   소 04034 서울 마포구 잔다리로7길 18(서교동 377-20)
전   화 02)338-7224
팩   스 02)323-4180(편집) 02)338-7221(영업)
전자우편 moonji@moonji.com
홈페이지 www.moonji.com

ⓒ 오규원, 1994. Printed in Seoul, Korea

ISBN 89-320-0319-X 02810

이 책의 판권은 지은이와 ㈜문학과지성사에 있습니다.
양측의 서면 동의 없는 무단 전재 및 복제를 금합니다.

문학과지성 시인선 60
가끔은 주목받는 生이고 싶다

오규원

1994

自　序

　　6년 만에 시집을 묶는다.
　'이곳'에서.

　　내가 지금 서 있는 이곳은 어디쯤인가.
내가 이곳까지 왔듯 그렇게 또 이곳을 떠나
리라. 그러나 늘 떠나기는 했고, 과연 떠나
고 있기는 한 것인가?

　　　　　　　　일구팔칠년 팔월 한낮에
　　　　　　　　　　오　규　원

가끔은 주목받는 生이고 싶다

차 례

▨ 自 序

I

봄/11
우리는 어디서나/12
한 시민의 소리/14
운 동/16
나무야 나무야 바람아/17
분식집에서/19
정방동에서/21
거울 또는 사실에게/23
층계 위에서/25
바다의 길목에서/27
귤을 보며/29
서울 · 1984 · 봄/32
말/40
버스 정거장에서/41
남대문시장에서/43
충무로에서/45
하나와 둘/47
黃 菊/48
나무에게/49
無 法/50

송충이/51
구둣발로 차고 가는구나/53

Ⅱ
詩人 久甫氏의 一日 1/57
詩人 久甫氏의 一日 2/60
詩人 久甫氏의 一日 3/63
詩人 久甫氏의 一日 4/65
詩人 久甫氏의 一日 5/67
詩人 久甫氏의 一日 6/69
詩人 久甫氏의 一日 7/71
詩人 久甫氏의 一日 8/72
詩人 久甫氏의 一日 9/74
詩人 久甫氏의 一日 10/77
詩人 久甫氏의 一日 11/81
詩人 久甫氏의 一日 12/82
詩人 久甫氏의 一日 13/83
詩人 久甫氏의 一日 14/84
이반 데니소비치의 하루/85
나는 부활할 이유가 도처에 없었다/86
오 늘/88

Ⅲ
모래와 코카콜라/93
해태 들菊花/94
빙그레 우유 200ml 패키지/95

MIMI HOUSE/97
가끔은 주목받는 生이고 싶다/100
롯데 코코아파이 C.F./101
자바자바 셔츠/104
NO MERCY/107
사냥꾼의 딸/110
프란츠 카프카/111
눈의 老化——나이 탓만은 아닙니다/112
그것은 나의 삶/113

▨ 해설·무거움과 가벼움·김현/114

I

봄

 저기 저 담벽, 저기 저 라일락, 저기 저 별, 그리고 저기 저 우리집 개의 똥 하나, 그래 모두 이리 와 내 언어 속에 서라. 담벽은 내 언어의 담벽이 되고, 라일락은 내 언어의 꽃이 되고, 별은 반짝이고, 개똥은 내 언어의 뜰에서 굴러라. 내가 내 언어에게 자유를 주었으니 너희들도 자유롭게 서고, 앉고, 반짝이고, 굴러라. 그래 봄이다.

 봄은 자유다. 자 봐라, 꽃피고 싶은 놈 꽃피고, 잎 달고 싶은 놈 잎 달고, 반짝이고 싶은 놈은 반짝이고, 아지랑이고 싶은 놈은 아지랑이가 되었다. 봄이 자유가 아니라면 꽃피는 지옥이라고 하자. 그래 봄은 지옥이다. 이름이 지옥이라고 해서 필 꽃이 안 피고, 반짝일 게 안 반짝이던가. 내 말이 옳으면 자, 자유다 마음대로 뛰어라.

우리는 어디서나

우리는 어디서나 앉는다
앉으면 중심이 다시 잡힌다

우리는 어디서나 앉는다
일어서기 위해 앉는다

만나기 위해서도 앉고
협잡을 위해서도 앉고

의자 위에도 앉고
책상 옆에도 앉듯
역사의 밑바닥에도 앉는다

가볍게도 앉고
무겁게도 앉고

청탁불문 장소불문
우리는 어디서나 앉는다

밑을 보기 위해서도 앉고

바닥을 보기 위해서도 앉는다

바로 보기 위해 어깨를 낮추듯

한 시민의 소리

 행복하게도나는형체가없다나는있는데나는없고그러니까나대신먹고마시고춤추는사람들이찬란하다시대의별이다

 나는관념이고형체가없으므로空이다형체가없으므로형체가없는일체와동종이요삶이요죽음이요권력이요탐욕이요사기요空한모든것이요空한모든것의변하지않는學의空이다
 나는空하므로나의소리도空이다나의소리가空이므로나의소리는옳은것도옳지않은것도없고옳고옳지않은것을가릴것도없고나는시비도찬도할것없는色이다그러니까나는自由다형체로부터自由요옳은것으로부터自由요옳지않은것으로부터도自由다

 나는自由이므로있고자하면있고없고자하면없고삶이고자하면삶이고일체만사유심이라권력·탐욕·사기·부패·부정이고자하면권력·탐욕·사기·부패·부정이요色이요절망이요절망의色이거나色의절망이고자해도마찬가지다

 나는형체가없으므로여기있고여기있어도없으므로신이

요절대군주요空이다그러니까나는自由다내가自由이므로
나를구속하는것은自由뿐이다

운 동

뜰이 조금씩 황폐해지고 있다. 사람과 시간이 친절하게도 그것을 돕는다. 뜰이 조금씩 무너지고 있다. 즐겁게, 즐겁게. 무너지기를 즐기는 역사, 즐겁게 무너지는 뜰의 운동. 그래서 뜰은 육체도 정신도 역으로 따스하다.

나무야 나무야 바람아

나무야 나무야 그대가
생명의 검증 자료며
치욕의 광명이라면
물의 척추며
신경의 음표라면

바람이여 그대는
시간의
노래의 손톱이며
땅 위의 물이며
차가운 불이라

나무야 나무야 그대가
대지의 모닥불이며
불의 귀라면
바람이여 그대는
불의 종소리며
물의 뿌리라

나는 그대 육체가

보고 싶단다
움직이지 않으면
존재하지도 않는
사람 정신이여
그대 바람이여

나무처럼 여기 와
내 앞에 서라
탄력이 있으니
육체도 있으렷다!
나는 그대 육체가
보고 싶단다

분식집에서

바닥에게는 낮은 창문도
희망이고

몸이 무거운 나무에게는 떨어지는
잎 하나도 기쁨이다

층계 위에 오래 앉아 있은 나는
내려가는 것이 희망이고

엊저녁에 산부인과에 가서 낙태 수술을 하고 지금은 분식집에서 라면을 먹고 앉아 있는 아이와, 어제까지 몰랐던 여자와 아침까지 자고 지금은 분식집에서 라면을 먹고 있는 아이와,
그러고도 아직 사랑에 굶주린

이 아이들의 공복으로 배가 접혀오는 내 머리 위의 도시에 그늘을 펴고 있는 라일락의 꿈이 당신은 꽃을 피우는 일이라고 쉽게 짐작하겠지만 그러나 사실을 말하면 라일락의 꿈은
시든 꽃을 흔들어버릴 4월의 바람이고

바람도 아니 부는 4월의 봄은
꽃피는 절망이다

정방동에서

——남쪽 섬지방의 해안 正房洞에 눈이 온다. 햇볕이
따스하게 내리쬐는 해안 거리의 正房洞의 햇빛
사이로 눈은 내리기보다 햇빛 사이로 날고 있다.

허름한 해안 식당에서 점심을 끝내고 나선 나는
내 키보다 나직한 담장 안을 넘보며 담장의

안에만 있는 생활이며 사람의 문지방을 넘보며 또한
그러한 나를 넘보는 사람들을 넘보며 언덕을 오른다
눈은

언덕 위에서 바다 쪽으로 내려오고 나는
바다 쪽에서 사람의 언덕으로 오르다가

눈 날리는 정방동의 언덕길을 더듬고 있는 며칠 전
나를 치료한 장님 안마사와 마주친다 장님 안마사는

눈송이가 놓인 사이사이의 검은 도로의
바닥만 지팡이로 두드리며 가고 나는 내 근육을 풀어간

키 작은 한 사내의 손이 눈과 눈 사이에서 검은

바닥만 두드리는 지팡이의 끝에 실수마냥 거듭 찔린다

해안으로 난 골목으로 안마사가 방향을 꺾자 한 사내와 나 사이로 눈과 파도가 한꺼번에 달겨들어 나는

숨이 차다 날리는 눈 속의 정방동 길은 어느 순간보다 더 검고
웅크린 언덕의 어깨는 나보다 나직하다 그러나 이 길도 내가
사는 곳으로 올라가는 길 내가 사는 곳이므로

의·식·주가 먼저 올라가고 눈이 먼저 내린다 그러나 올라가는 길은 어느 길이나 숨이 차야 내려간다

거울 또는 사실에게

거울은 거울 앞을 떠난 자를 결코 용서하는 법이 없다. 거울 앞을 떠나면 거울은 그 순간 떠난 자를 그대로 삭제한다. 거울을 보려면 누가 불러도 일이 생겨도 거울 앞을 떠나서는 정말 안 된다. ——사실이 진실에게

1
나는 지금 거울 앞에 있다 거울의
입구는 거울만큼의 크기로 넓고 단정하고

거울의 안은 더도 아니고 덜도 아니게
나의 크기만큼 차 있고 나머지는 비어 있다

거울이 아니고 인간인 나는 늘 큰 키 덕분에 내 머리와 모가지는
거울 밖에 있고 심장부터 발까지는 거울 속에 있거나

혹은 내 아랫도리는 거울 밖에 있고
머리와 심장은 거울 속에 있다

나는 지금 거울 앞에서 걷고 있지만 거울 속의 나는
아랫도리이거나 윗도리이거나 둘 중의 하나이다

아랫도리이거나 윗도리이거나 그 중 하나가
거울 밖으로 나오면 나는 하나가 된다

2

나는 거울을 보지 않는다 면도를
할 때도 한 손으로 면도기를 들고
다른 손으로 수염을 더듬는다 그래도
수염은 잘 깎인다

우리집 딸놈은 자기 아버지가 잘생기지는 못했지만
멋있다고 믿고 있다 딸놈의
착각이 재미있으므로 나는 거울을 보지 않는다

층계 위에서

층계의 위는 밑에서 보면 높지만
위에서 보면 층계의 위도
내 발의 아래이고 내가 신은 구두의 밑이다
층계의 위에서 보아도 층계의 위는
언덕의 밑이고 산의 밑이다

높은 곳은 보다 높은 곳의 가슴이거나
턱수염 밑이고 낮은 곳은
보다 낮은 곳의 엉덩이거나 아랫배이거나
그런 높이로 층계는 이어져 있다 나는
보다 높은 곳의 사타구니쯤에서 피우던
담배를 구두 뒷발로 뭉개고 앉아 있다

층계와 마주하고 앉은 거리에는
한 시대의 낡은 집과 새 집이 보이고
집과 집 사이로 한 시대의 오늘이
내왕하는 은밀한 골목이 보인다
나에게 고개를 숙이고 있는 지붕과
돌아앉아 있는 지붕이 보이고

닫힌 門과 열린 門이 보이고
열린 門이 닫히는 순간이
남의 일처럼 보인다 남의 일처럼
내 옆으로 개 한 마리가 와 남의 나라
역사처럼 나란히 구겨진다
층계 위에서 보면 층계의 위는
하늘 밑에서 너무 밑이고 그리고

층계의 위보다 내 키가 민망하도록 높다
층계의 아래위는 내가 내통해야 할
모양 그대로 완강한 집들
나는 올라온 사람이면 반드시 다시
내려가야 할 층계 위에 있고 층계는
내가 토해놓은 불임 시대의
누우런 헛구역질 속에 있다

바다의 길목에서

오늘 나는 바다의 길목에 서 있었고
수평선은 내 심장의 높이에 걸쳐졌다

바다의 높이가 가슴까지 올라와 수평선이
내 심장에 걸쳐져도 나는 답답하지 않았다

나는 바다 밖에 서 있었으므로
바다는 나를 잠글 수 없었고

하릴없이 일용할 양식을 위해 비운
내 곁 빈집의 대문을 잠그고 있었다

내가 바다에게 아무것도 원하지 않았으므로 바다는
주검이나 주검의 위치에서 나와 마주서 있었고

마주보고 서 있어도 너무나 당연하게
나는 내 옆사람 속으로 들어가 서서

사람을 통해 구부러지는 길과 무덤을 보고
내 머리 위에 탕아처럼 누운 정신나간 하늘을 보았다

바다는 내 앞에서 내 아픈 곳을 들여다보며
수평선을 輓章의 높이까지 들었다 놓았지만

나는 나를 비워두었으므로 바다 앞에서 조금도 이상
하지 않았다
사실을 말하자면 마치 탕아처럼 내가 기웃거린

빈집은 어느 곳이나 대문이 열려 있어 열쇠가 있어도
잠긴 곳이 없어 내가 열 수 없었듯이

귤을 보며

1

땅 위에는 작고 흔한 것이 많다 작고
흔하기로는 귤도 예외는 아니지만 느닷없이

왜 작고 흔한 것 가운데 귤이 거기에 끼여 있는지
나는 어리둥절하다 제주도에서

재배에 성공한 이후 귤은 몇십 원으로
어디서나 살 수 있다 그러한 귤이

그러나 온몸의 무게로 앉으니까 앉은 자리와
주변이 슬그머니 정돈된다 자리와 주변을 정돈하는

그 조용한 무게는 크기와는 달리 나보다 오히려 무겁다
놓인 그 자리에서 밑으로 아무렇게 앉은 그는 그 무
게 하나로

이미 내가 감당하기 힘든 한 세계의
중량이다 지금 내 앞에 있는 그의 무게는

순수해서 학문이나 신념보다 무겁다
온몸으로 아무렇게나 앉은 그 자세 하나로

이미 탈사물의 중량이다 그 무게는
정치나 권력 부정이나 부패의

무게가 아니라 존재의 무게여서
이 시대보다 순수하게 더 무겁다

2

땅 위에는 작고 흔한 것이 많다 작고
흔하기는 나도 예외는 아니지만 귤 하나가

저 주먹만한 크기로 작아진 이유가
오늘은 시보다 난해하다 난해한

시대 속의 이 작은 난해 앞에서 나는
종일 작아지고 또 작아져서

내가 작으므로 내 속의 역사 내 속의

정치 내 속의 권세와 영광도 이 작은

귤보다 더욱더 작아진다
오늘은 이 귤보다 더 큰 존재는
내 앞에는 없다 정치도

작아진 정치를 보니까 귀엽다
작아져서 조그마한 권세와 영광도

이 작은 귤이 작아진 이유
이제야 알겠다 작은 것이 존재하는 이유

작아지지 않으면 들어갈 수 없는 곳
그곳까지

서울 · 1984 · 봄

거리에서

1984. 1. 무너진 것은 모두
온몸으로 묻혔는가

1984. 1. 깊은 곳은 말하자면
여자뿐인가

  수도가 얼었다 깊은 곳은 어디쯤에서 시작하는가 우리들의 깊이는 수도를 녹이는 인부들이 간단히 노출시킨다 얕게 묻힌 수도 인부들은 언 땅을 파고 해빙기를 연결하지만 녹지 않는다 목이 마른 우리집 식구들이 이웃집에서 하루를 얻어오지만 내일까지는 얻어오지 못한다 사랑스런 겨울 눈이 내렸지만 눈 속에서도 수도는 얼었다 눈이 내려도 산은 묻히지 않았고 눈이 녹자 무너진 것은 모두 온몸을 드러냈다 깊은 곳은 얼마나 따스한가

1984. 2. 부러진 나뭇가지 끝에
비가 머물렀다

1984. 3. 싼 곳을 찾아다니며

집을 짓는 서울

서울. 1984. 봄
비가 철근 모양 꼿꼿이 선다

서울. 1984. 봄
절그렁거리며 둘러서는 빗속에 갇혀 서울은

    켄터키 치킨 센터에서
이 봄이 봄이라고 하더라도
작년의 봄 같지는 않게
이 봄이 정말 봄이라고 하더라도
봄 같지는 않게

꽃이라고 하더라도 꽃 같지는 않게
신문 같은 신문 같지는 않게
한국 같은 한국 같지는 않게
시 같은 시 같지는 않게

정말 시라고 하더라도 시 같지는 않게

퇴근길 켄터키 치킨 센터에서
젊은이들과 소주를 마신다
젊은이들은 낮은 불빛보다 더 낮게
젖은 산보다 더 낮게 엎드리고
산속의 나는 잡초처럼 솟고
소주를 까고
켄터키 치킨을 빤다

몸이 단 기집이 사내에게 안기듯
씨앗이 봄까지 강이 바다까지
과거가 미래에게 안기듯
낮은 것의 산에 안겨
시라고 하더라도 지금은 시 같지는 않게

4317년 5월

오월에 교황이 오고 한국은
거국적으로 환영했다
스포츠와 경제란을 제외하고
신문은 연일 교황의 기사를 게재하고
방송은 뉴스 시간에 집중 보도

하는 이외에도 특별 프로그램을
제작 방영했다
잡지들은 교황 기사를 특집하고
교황의 희곡 「보석상」이 공연되었다

일기 예보를 하는 방송 기자는
축복받은 맑은 날씨에 감사하고
오월에 교황이 오고 공항에 내린
교황은 한국 땅에 입을 맞추고
교통은 통제되었다
특별 방탄 유리로 된 차를 타고
미소 띤 얼굴로 손을 흔들며

오월에 교황이 오고 한국에는
구름떼
구름떼
구름떼
구름떼
구름떼
구름떼

구름떼
(이하 각각 다른 '구름떼' 13번 생략)
교황을 따라 이동했다
교황이 오는 방향으로 길이 열리고
그 방향으로 달리는
발자국 소리
발자국 소리
발자국 소리
발자국 소리
발자국 소리
(이하 각각 다른 '발자국 소리' 13번 생략)

몇 개 남지 않았던 우리집
개나리꽃이 진다
지는 우리집의 꽃 사이로
오월에 교황이 오고
꽃 지는 봄이 오고

        다시 거리에서
복합 비타민 레모나와 빵빠레 사이에

세종 콘택트 렌즈와 마운빌 상사 사이에
아모레와 조아모니카 사이에
쌍방울과 애니 사이에
자미온과 나드리 사이에

망가진

프로스펙스, 에스쁘리끄, 쟈스트, 유닉스, 비비안, 톰보이, 에스판, 챠밍, 논노, 코코, 뿡뿡, 라미, 와코루, 자이덴스키, 디제이치킨, 콩그라쎄 사이에

망가진 것들 예를 들면

지노베타딘, 리도, 아스피린, 드봉, 펠시, 뽀삐, 「신의 아그네스」, 「낮은 데로 임하소서」, 「우리는 행동과 개성을 입는다, 점퍼」 사이에

망가진다

둥글둥글

당신이 벌린 입이 둥글고
배꼽이 항문이 내 아버지의
무덤이 둥글다
밥그릇과 국그릇이 둥글고
내일 아침 개나리 위에 맺는
이슬이 둥글다
아버지의 아들답게 나는
내일 아침 목련 위에 맺는
이슬 속에
내 무덤을 만든다

조상을 흉내내어 둥글게
만들지만 곧 마른다
아버지가 죽은 지 몇 년째인지
알쏭달쏭 개나리 대신 내가
지는 꽃잎 위에 은사철 위에
떨어지는 빗방울 위에
끝까지 본능으로
마른 상처로 버틴다

모든 죽음이 둥글게 완성
되지는 않는다 이태리 판테온에
있는 라파엘이 제 무덤을
들고 와서 말한다
그렇다 둥글둥글
우리나라의 모든 무덤이
밥그릇 모양 둥글다
나는 밥을 먹을 때마다
본능에 맞추어 입을
동그랗게 한다

입을 동그랗게 한다
신화를 완성하기 위하여
그때마다 쟁반 같은 달이 뜨고
아버지의 무덤이
달 속에 보인다 완성된
본능이 계란 노른자가 보인다

아버지 ——
아버지 ——

말

꽃이 잎과 줄기와 향기로
꽃밭을 몸 안으로 잡아당기듯
꽃이 꽃밭의 육체를 잡아당겨
젖가슴을 내놓고 가랑이를 벌리듯
꽃밭의 꽃이라는 꽃은 모두 손에
잡히는 세계를 몸 속으로
몸 속으로 밀어넣듯

욕망의 성기며 육체의
현실인 말은
오늘도

버스 정거장에서

노점의 빈 의자를 그냥
시라고 하면 안 되나
노점을 지키는 저 여자를
버스를 타려고 뛰는 저 남자의
엉덩이를
시라고 하면 안 되나
나는 내가 무거워
시가 무거워 배운
작시법을 버리고
버스 정거장에서 견딘다

경찰의 불심 검문에 내미는
내 주민등록증을 시라고
하면 안 되나
주민등록증 번호를 시라고
하면 안 되나
안 된다면 안 되는 모두를
시라고 하면 안 되나

나는 어리석은 독자를

배반하는 방법을
오늘도 궁리하고 있다
내가 버스를 기다리며
오지 않는 버스를
시라고 하면 안 되나
시를 모르는 사람들을
시라고 하면 안 되나

배반을 모르는 시가
있다면 말해보라
의미하는 모든 것은
배반을 안다 시대의
시가 배반을 알 때까지
쮸쮸바를 빨고 있는
저 여자의 입술을
시라고 하면 안 되나

남대문시장에서

오늘 나는 유령이다
내가 물로 흐르거나
내가 피로 흐르거나
사건이거나
사물이거나
그건 유령의 자유다

오늘 나는 유령이다
나는 내 육체를
정신에 묶지 않는다
걱정 마라 나여
때로 방종은 유쾌하고
방임은 풍자가 된다

육체여 오늘의 나는
재미가 좋구나
정신의 풍자가 되는
육체여 오늘의 나는
예술과 사회를 강의하고
강의료를 받고

봉투를 바지 주머니에
넣어 쥐고
남대문시장을 오가며
수입 상가에서 빨간색
외제 팬티도 산다

육체여 그 동안 안녕한가
집에 혼자 있는 동안
강간이라도 당하지 않았는지

충무로에서

이 거리가 나를 내가
가두게 한다
이 거리의 속도가
이 충무로가 나를
내가 가두게 한다
치사하게 내가
비겁하게
나를 가두게 한다

노예답게
더럽게
홍콩답게 동경답게
멀지 않아 남산이
남산에 쌓인 겨울이
눈보다 빨리 이 거리의
속도에 녹으리라
하느님 용서하소서

이 충무로에서 오늘
내 권리로 가둘 수

있는 자는
나 하나이므로 내가
이곳에 나를 가둔다
열린 상가의 닫힌
세계 속에
이른 아침의 침몰 속에

자물쇠와 열쇠를 동시에
쥐고 비겁하게
노예답게
충무로의 깊은 자궁 속에
증명서도 없이 도지는 봄 속에
고향을 떠나서 화농하는
상처 속에

하느님 용서하소서

하나와 둘

길 구석에 돌이
하나 있다 바보야
어느 곳에서나
그러할 수 있듯
하나가 아니라
돌이 둘 있고

나의 감정 그리고
길과 관계없이
하나보다 바보야
둘 있는 돌이
이상하게 더 외롭다

하나의 돌은
외로움이 하나지만
둘 있는 돌은
외로움이 둘이다
최소한 그렇지
최소한 둘!

黃 菊
―― Y에게

돌에 스미는 가을만큼
절망에 스미는 희망만큼
시장에 스미는 고요만큼

그 두께만큼
그 농도만큼
그 희귀만큼

서두르자 그만큼만 黃菊이여
접힌 가을의 모서리 속에
함께 접혀버린 나의 방문이여
우유 배달부가 도착할 때마다
조간 신문이 떨어질 때마다

서두르지 말고 그렇게만
그만큼만 대지의 통로인
黃菊이여 사랑이여

나무에게

물의 눈인 꽃과
물의 손인 잎사귀와
물의 영혼인 그림자와
나무여
너는 불의 꿈인 꽃과
이 지구의 춤인 바람과
오늘은 어디에서 만나
서로의 손가락에
반지를 끼워주고 오느냐

無 法

사람이 할 만한 일 가운데
그래도 정말 할 만한 일은
사람 사랑하는 일이다

──이런 말을 하는 시인의 표정은
　진지해야 한다

사랑에는 길만 있고
법은 없네

──이런 말을 하는 시인의 표정은
　상당한 정도 진지해야 한다

사랑에는 길만 있고
법은 없네

송충이

송충이가 나무 위에서 떼를 지어
줄기와 잎 위로 행진하는 모습이
내 발목을 거머쥐고 안경을
고쳐쓰게 하는구나 편견이란
때로 얼마나 위대하냐

큰 놈이나 작은 놈이나 송충이는
모두 저렇게 아름답다
줄기 위의 하늘에서 잎 위의
하늘로 옮아가는 몸놀림은
낮은 강물 소리 같다
보송하게 살이 잘 오른
가슴이며 아랫도리는 르누아르의
화풍이다 보라
보드라운 솜털은
대낮에도 별빛을 옭아맨다

일렬로 나뭇가지로 오르니
가두 행렬의 선발대 같고
롬멜의 탱크 부대 같다

송충이에 비해 나뭇가지는
사하라 사막이다 사막이란
또한 얼마나 깊게 숨쉬는가
편견이란 얼마나 위대하냐
나는 아직도 꽃이
아름답다는 편견이 배 밑에 깔려

송충이의 배 밑에 깔려
사하라 사막의 모래 밑에 깔려
달빛을 옭아매는
송충이의 솜털 사이에
하얀 한 장의 종이로 접혀

구둣발로 차고 가는구나

1

서울 영등포구 신길6동
육교 밑
그늘진 좌표에서

뒹구는 돌
내가 구둣발로 차고 가는구나

내 구둣발에 차이는구나
버려진 고향처럼

2

내가 차고 가는 돌 속에
환하게 다져지는 달빛
(그 속에 서면 내 몸이 다 젖으리)
산의 귓밥을 파내는 물소리——
그것을 보는 내 눈이여
낡고 오래 된 상처여

3

  감자를 캐는 누이는 땅속에서 나온 돌을 감자처럼 밭 가장자리에 쌓았다 햇볕에 잘 익은 돌들은 여물어 단내가 났다 다람쥐들은 돌 깊숙한 곳에 새끼를 까고 먼저 죽은 자식을 밭 가장자리에 묻으며 아버지는 잠자리가 편하도록 관을 돌로 괴었다 큰 돌 사이에 작은 돌을 끼우고 큰 돌을 빼내고 작은 돌을

  작은 돌을 만만하다고
  내가 구둣발로 차고 가는구나

  아들아, 내가 차고 가는구나

II

詩人 久甫氏의 一日 1
── 久甫氏가 당신에게 보내는 私信
또는 희망 만들며 살기

1
가을. 하고도가을어느날.

길을가다가자리를잘못잡아地上에서반짝이는별, 그런 별몇개로반짝이는黃菊이나野菊을만나면가을동안가을이 게두었다가그다음菊을다시별로불러별이되게하고몇개는 내주머니에늘넣고다니리라.

내주머니가작기는하지만그곳도우주이니별이뜰자리야 있습지요. 딴은주머니가낡아서몇군데구멍이있는데혹지나 다니는길에무슨모양을하고떨어져있거든눈곱이며그곳이나 비누로좀닦아서어디든두고안부나그렇게만전해주시기를.

2
오해하고싶더라도제발오해말아요
시인도詩먹지않고밥먹고살아요
시인도詩입지않고옷입고살아요
시인도돈벌기위해일도하고출근도하고돈없으면라면먹 어요
오해하고싶더라도제발오해말아요

오해하고싶으면제발오해해줘요
시인도밥만먹고못살아요
시인도마누라만으로는못살아요
구경만하고는만족못해요
그러니까시인도무슨짓을해야지요
무슨짓을하긴하는데그게좀그래요
정치는정치가들이더좋아하고
사기는사기꾼이더좋아하고
밀수는밀수업자들이더잘하고
작당은꾼들이더잘하고
시인은시를더좋아하니까
시에미치지요밥만먹고못사니까
밥만먹고는못사는이야기에미쳤지요
그래요미쳤지요허지만시인도
밥먹고살아요돈벌기위해일도하고
출근해요출근하지못하면정말곤란해요
순사가검문하면주민등록증보여야해요
순사가검문해도번호가없는詩는그러니까
위법이지요위법이니까그게좀그래요
위법은또하나의法이니유쾌해요그게그래요

거리를가다가혹詩가있거든눈곱이며
그곳이나비누로닦아주고안부나
그렇게만전해줘요그게그렇다구요

詩人 久甫氏의 一日 2
―― 南山에서

우리들 陰毛만큼이나 어둡고 따스한 곳에
송수관을 묻고 우리가 사는 이 대지의
수도꼭지인 나무들
내장의 고름을 가을이라는 핑계로
마음놓고 누렇게
지는 잎의 형상으로 뱉아내는구나
남북이 일시에 뱉아내니
누런 고름의 통일이다 무엇보다
통일로 보는 내 눈이 아름답구나
남북과 동서 통일로
대지의 상처는 가을이라는 이름 밑에
단정적이고 통계적으로 숨겨진다

낮은 데로 생각나면 임하는 녹슨
예언처럼 내상을 땅에 묻은 사람들의
고름은 요컨대 처음부터 사람을 알고
때를 알고 찾아온다, 찾아오려무나
더러워도 끝내는
사랑해도 끝내는 꿈꾸리라
따뜻한 우리들의 내상

내 몸 곳곳의 상처에도
유령마냥 찾아와 엉긴다
아름다운 것은 결국 상처가
날 수 있는 나와 너의
살아 있는 육체구나
비종교인인 내가 불러도 싸늘한 어감의
하느님, 좀 추상적이기는 하지만
그래도 아직 추상적이어서 제 맛이 나는
하느님, 상처의 변두리에 파랗게
찬 별이 돋는데 어디 지금 하느님이 드시는
미역국은 그래도 좀 따스하기나 한지

청바지를 입고 나이키인지 아식스인지
신은 학생 두어 쌍과 사십대 남자와
싸가지없게 옷을 입은 기집 한 쌍이
빈 소주병으로 구르다가 부서진다
남산의 역대 유령이 산의 어둠에다
니스를 한 겹 더 칠하는 사이
소주병으로 낙하한 별 서너 개도 함께 부서지고 드디어
인간에게 위험한 숲속의 별이

어둠의 잎과 가지 사이에 태어난다

인간에게 위험한 별이 여기저기의
땅 위에서 번쩍인다 남산의 밑은
聖하고 더러운 노동의 파란 불빛에 깜박거리는구나
가을의 폐광 천장에서 서울로
불안한 간격으로 떨어지는 녹물과
시신의 부품을 거리는 담장 안에 숨기고
아직 돌아가는 길을 정하지 못한 나는 즐겁게
즐겁게 불안한 간격의 가지 위에
딱새의 둥지를 틀고 들어앉아
밥그릇 같은 달을 쪼고 있다
남북과 동서 통합의 누른 내상이
엎질러진 달빛의 飛瀑에 가 씻길 동안
결국 불안해할 수 있는
살아 있는 내 육체가 아름답구나

詩人 久甫氏의 一日 3
—— 쇼핑 센터에서

 나는 사주고 싶네 사랑하는 애인에게 라이너 마리아 릴케 같은 스판덱스 브래지어, 사주고 싶네 아폴리네르 같은 팬티 스타킹, 아 소포로 한 짐 보내고 싶네 에밀리 디킨슨의 하얀 목덜미 같은 생리대 뉴후리덤

 '황혼의 하늘을 따라
 종이 평화롭게 三鍾 기도를 올린다
 망명적이며 계모 같은
 결코 용서하지 않는 풍모로서'
 지저분하게 다가서는 일요일
 나도 지저분하게
 결코 나를 용서하지 않을 풍모로서
 라포르그의 시를 베끼고
 主日의 복음으로

 골드만 같은 여의도
 귄터 그라스 같은
 카프카 같은
 쇼핑 센터에서

나는 사랑하는 애인에게 사주고 싶네 하이네 같은 쌍
방울표 메리야스, 워즈워스 같은 일곱 색 간지러운 삼각
팬티, 아 나는 등기 소포로 보내고 싶네 바스카 포파의
「작은 상자」에 든 월계관표 콘돔

   지친 뒤 늘 혼자
   한잔의 술에 취해 서쪽
   하늘의 능선에다 번번이 토악질을
   벌겋게 한 뒤 주저앉는 태양이여
   안심하라 우리들 인간도 밥에 취해
   주저앉기는 마찬가지 어떻든
   쉬는 것은 일요일의 복음이고
   취하는 것은 人生의 복음이고
   나는지금 쇼핑 센터를 돌며
   오징어 다리를 잔인하도록 유쾌하게 찢어
   씹는다 가로등이
   주둥이 밑으로 찝찝한
   타액을 조금씩 양을 늘려
   흘리기 시작할 때

詩人 久甫氏의 一日 4
―― 다방에서

사물이, 모든 사물이 그냥
그대로 한 편의 詩이듯
사람이, 사람들이 또한
모두 詩구나
詩가 그릇이라면 모든
사물도 그릇이며
詩가 밥이라면 모든
존재 또한 지상의 밥이니
대리석과 벽돌과 유리문
유리문의 손잡이
접혀오는 계절인 층계
명식이, 종만이, 훈이며

정신의 비유인 비계와
삼겹살과 등심의 골편이며
지상의 욕망이며 비렁뱅이의
근성으로 흐르는 피인
나도 그냥 詩구나

서 있어도 詩

걸어다녀도 詩
다방에 앉아 있어도 詩

血淸의 상징인 눈이며
창, 창을 지우는 구름
앉으면 어깨가 나직한 의자도
당신과 나 사이의 벽도
안과 밖을 가르는
차단한 등불이구나

다방에 오신 여러분
이 다방의 살아 있는 피며 밥인 여러분
자, 차나 한잔!

詩人 久甫氏의 一日 5
―― 눈싸움

눈이, 하얀 눈이 온다 나는
나의 적인 내 자식들과 벽과 나의 적인 적과
눈싸움을 한다 보드라운
눈송이를 두 손으로 모아쥐면
차고 무서운 힘이 된다 눈이
하얀 눈이 오면 피가 따스하다
피가 따스할 때
내 피가 따스할 때 눈싸움을 하자
눈싸움은 아직 피가 따스할 때의 싸움

눈은 높은 곳에서 내려온다 눈이
내려오는 것은 하늘의 집이 이 땅의
낮은 곳에 있고 나의 적들과
내 집이 그곳에 있고
눈이 제일 먼저 가장 낮은 곳에
쌓이는 것도 아직 따스한 사랑이
낮고 더러운 우리집 근처에
젖어 있는 탓이다 눈이
하얀 눈이 온다 나는 낮은 곳에서
눈을 뭉치고 눈 오는 날만큼은

나에게도 너에게도 차고 무서운
눈덩이를 던지며 싸운다

눈싸움은 깨끗한 것으로 싸우는 싸움
얻어맞으면 체온이 더 따스하고
내가 피하면 얻어맞은 벽도 깨끗해진다
눈싸움은 눈덩이가 녹는 싸움 눈이
녹고 나와 적이 녹고
함께 물이 되어 숲이나
강으로 가서는 물로 흔들린다
눈이, 하얀 눈이 온다
나는 눈이 오면 적들과 눈싸움을 한다
눈이 제일 먼저 쌓이는 낮은 곳에서
이기기보다 지기 위해서

詩人 久甫氏의 一日 6
—— 뿌리를 못 내리는 치자나무를 보며

1
치자나무한그루를샀습지요
이십대아낙이길바닥에퍼질고앉아서파는치자한그루를샀습지요
치자나무한그루를사지않았습지요
대림시장길목에벌여놓은한여자의대한민국을나는사지않았습지요
길바닥에내놓은이봄의대한민국과
땅바닥에주저앉은한여자의서울을
아낙은팔지않았습지요
나는치자나무를샀지만또사지않기도하였으므로치자는꽃피지않고
꽃피지않는아침이왔습지요

2
꽃피지않는아침에도대림시장입구는
오늘도길이열렸고열린길은여러집대문을두드렸습지요
나는치자나무한그루를또사기도하고사지않기도하였으므로
어제까지도무겁게보이던아낙의엉덩이가오늘은넓게보

이고
 바람이지나가도오늘은아낙이밀리지않고
 앉은그자리에서아낙이바람으로부는아침이거기에있었습지요

詩人 久甫氏의 一日 7
—— 개나리꽃밭에서 불러본 동요

엄마엄마이리와요것좀보세요
개나리꽃밭에오늘은봄비가병아리로종종거리고
노랗게종종거리는봄비를개나리가데리고
언덕너머대학에서온페퍼포그의
아랫도리사이로떠돌아요

저기유락시설의풀밭에서
소주병파편으로솟는봄비
인근공사장에서는인부의사라진인건비대신
녹슨못으로꽂히고
엄마엄마이리와요것좀보세요
높은나무로앉고
낮은풀로서는봄비는서울남산개나리
울타리로나란히서요

떠도는개나리가봄비를타고오르는동안
남산의언덕위에길건너서울안개
젖은미래로와무덤으로낮게눕고
엄마엄마이리와요것좀보세요
계절의바짓가랑이가그래도
그래도흘러내려요

詩人 久甫氏의 一日 8
── 5월, 어느 대학에 보낸 축시

오늘은 잔디밭의 잔디에게
인사를 하자
37년간 함께 밟은
오오랜 인사를 하자
지난날 그랬듯이 오늘도
잔디를 밟고
계속 잔인하기로
잔디에게 문안을 하자

오늘은 잔디밭의 바람에게도
인사를 하자
낮은 어깨를 더 낮게 눕혀서
눕고 일어서는 일이
물로 흐르는 바람에게
우리도 물로 흐르는 잔디로 누워
뿌리로 인사를 하자

인사는 물로 흘러야 비로소
도달하는 곳이 있다
동서와 남북의 하늘이 오늘

서로 흩어져 하늘의 자리를 비우고
흩어진 하늘이 각각 잔디밭에 내려와
두 다리를 불편하게 잔디로 뻗고 있다
인사를 하자 오늘은
하늘의 허리를 세워주고 있는
저 바람과

흐린 다리에 묻어 있는
모래알의 하루에게
모래알보다 작은 우리가
이제 물로 스며서
우리가 어제보다 더 작다고
인사를 하고
우리가 내일은 오늘보다 더 작다고
인사를 하자

詩人 久甫氏의 一日 9
——8월의 입원실에서

다친 곳은 분명 내 허리인데
우리는 두 다리가 아프다
다친 곳은 분명 내 허리인데
어린 아들과 나는
두 다리가 바투 아프다

아내는大兄과짜고나를　入院시켰다나의여름은當日大兄의醫師와看病員外는　出入이統制되고監視所가서고窓밖여름의茂盛한잎사이로　새는모르스符號로울었다우리나라地圖처럼구부러져　누운나의허리는放置되고다치지않은두다리에내가　堪當해야한다고아내와짜고大兄이준무게의足鎖가매달렸다　다친곳은分明내허리인데當日부터　病院밖아내의두다리와수상한者의다리가아프고　두손바닥만한窓으로기어드는　햇빛의허리가구부러졌다나는　주는藥의質과量에알맞추自由롭게아팠다窓을움켜쥔엄청난여름은세로로가득서서　나를自由롭게가지고놀았다國道처럼　地圖속에누워있는나는다친곳은허리인데　두다리가아프고두다리를　묶어놓은大兄의足鎖는足鎖가아팠다　여름은이미充分히자란잎의허리를꺾고　새로돋는잎은꺾인허리위로 파란宿命의直立을步行했다나는

두 다리를 잡아당기고 그들에게 웃고
옷을 벗기고 그들에게 웃고
검토당하고 그들에게 웃고 기꺼이

   하루세번노란알藥을擔保로　하루分씩時間을貸付받았다　韓國造幣公社의專屬모델인世宗大王이여　다친곳은分明한글世代인내허리인데　아내는두다리가新武器로아프다고　여름의朝刊은몇世紀늦게알려왔다　우리나라新聞들이活字를平體로　漸次바꾸고있는것은韓國人의　눈을爲해서이다活字들은　조금씩키가작아졌고나는　便해진내눈이進步된이視覺文化의　時代를逆行하여舊式으로아프다舊式으로　아픈내눈에새로돋는모든　잎은宿命의直立을步行하는데　美國의對韓貿易壓力과南北韓故鄕訪問團을읽는　내눈을避해키가작아진重要項이바퀴벌레모양재빨리行間사이로도망가고도망가고

   저기 저 창밖의 여름
새로 태어나는
절망도
통조림도

무덤도 모두
直立을 하는구나

새로 생겨난 나의
간병원의 두 다리와
모르스 부호로 우는 새와
신문 밖의 이 여름 당신의
權力까지도!

다친 곳은 분명 내 허리인데
따로 떨어져
어린 아들과 나는
두 다리가 서로 바투 아프다

詩人 久甫氏의 一日 10
──부산의 한 부두에서

이십사 년 만에 5·16 이후 처음 부산 충무동의 부두에 혼자 서서 하루분의 구두끈을 나는 고쳐맨다 바다가 밀려와도 지금의 나는 바다로 젖지 않는다 서 있는 그 자리에서 내가 육지로 파도친다 밀수로 망한
누이 집 앵두의 잎은 잎맥의 끈을 그때처럼 충실히 고쳐매고 부두의 간이음식점 벽 틈에 뿌리박고 아침 저녁 파도 소리 속을 자맥질하던 나팔꽃은 이 아침도 바다와 육지의 이음새를 꿰매고 있다 내가
태어난 식민지 시대 이후 지금까지 잡종답게 색을 바꾸며 피지만 바다로부터 잡종의 해도 곧잘 끌어올렸다

부두의 간이음식점 벽에 걸
린 낡은 거울에도 바다는
차오르고 라면을 먹는 내
젓가락에 걸리는 수평선은
삶긴 라면만큼 흐물흐물 구
부러진다 흐물흐물해진
수평선을 목구멍으로 밀어
넣는 나를 반기는 이 아침
부두의 나팔꽃 메아리는 어
디서 벌써 한탕을 하고 오
는지 찝찔하고 감미롭다 내
가 누이 집에서
신고 버린 게다짝과 미군
군화는 앵두나무 밑에 터를
잡고 앵두 열매는 빨갛게
잘도 여전히 익고 있다 휴
일 TV 화면에는 찬란한 샐
비어 꽃잎 사이로 파란 바
다를 밀어넣고 충무동의 바

다는 육지에 밀려 아랫도리
의 식민지가 다 젖었다

다 젖지 않았다
식민지 시대들은
다 젖지 않았다
신탁통치 결사들은
다 젖지 않았다
다 젖지 않았다
금박 포장지와 라면 봉피와
순회 공연중인 「별」들은

다 젖었다 나는 나무젓가락
으로 다꾸앙과 비린내를 뚫
고 오는 식민지 시대 이후
찝찔하고 감미로운 잡종의
메아리를 라면과 함께 입
속으로 밀어넣고는
식탁 위에 놓인 싸구려 베
고니아 한 송이에 가려 부

산의 바다가 간단히 깨어지
고 지워지는 광경을 TV 화
면 밖에서 본다 호화
여객선과 거대한
유조선이 지나가는 TV 속
의 바다가 몇 개 남지 않은
섬의 발목을 잡고 수면 아
래로 끌어내린다 섬의 날개
가 젖고 바다가 기운다 바
다가 기울자 순간 카메라를
잡은 손이 바다를 깨끗이
화면 밖으로 쏟아버린다

식탁 위에는
      내가 먹다 남긴
   라면처럼
  녹슨 의자에 걸려
 끊어진 수평선이
툭툭툭 떨어져
       구부러지고

詩人 久甫氏의 一日 11
—— 바닷가에서

파도는 습기 많은 모래부터 데리고 갔다
모래밭에서 사랑에 굶주린 사람들은
길 밖에서 수상한 천막을 쳤다 단 하루도
모양을 갖추지 못한 내 발자국 오호 애재라
그래도 나는 그림자 밖에서 病처럼 따스하고
파도는 확신을 가지고 내 서툰 피의
귀싸대기를 갈겼다 철썩, 철썩,
중심 없이 흐린 하늘의 잔별이 깨어졌다
잡초처럼 튼튼한 뿌리를 가진 바닷새는
깊은 발자국을 피해 새벽까지 내려앉고

바다를 오래 지킨 파도는 짜고

詩人 久甫氏의 一日 12
── 포구에서

새가 날지 않고 땅 위로 걷는 아침이다
기름값을 못 해낸 배가 어부들을
보내고 혼자 주저앉아 견디고 있다
집을 떠나 여기에서 서성거리는
나보다 물이 빠진 포구에
묶인 배들의 다리가 더 저리고
배와 내가 함께 감추고 싶은 것을
서로 모른 척할 때마다 흔한 돌부리가
유난히 선명해지는 아침이다

물이 빠진 포구에는 뻘이 묻은 하늘이
내 어깨를 잡고
우리에게 내려진 저주와 내 육신이
소금기에 함께 녹이 스는 아침이다
일찍 발이 더러워진 새들은 이제
뻘밭에서 허리가 자유롭고 아직도 나는
어망 곁에 버려진 잡어의 하루를
자박자박 건너간다
날지 않고 걸어서 건너간다

詩人 久甫氏의 一日 13
──다시 남산에서

맞아 죽은 개처럼 아카시아는 사지를 뻗는다
깜깜한 행복처럼 사철나무 밑에서는 구더기가 긴다
썩은 시체처럼 남산으로 오르는 길이 살을 풀어내린다
뼈는 두 다리를 벌리고(혹은 오므리고)
다큐멘터리 필리핀처럼
다큐멘터리 회식 사건처럼 신화처럼
개나리는 노랗게 폭발한다

자궁외 임신처럼
오접된 전화처럼

봄은 '오늘도 무사히' 모욕처럼

詩人 久甫氏의 一日 14
── 봄, 여름, 가을, 겨울

  봄이 왔다 갔다 한반도에 여름이 왔다 갔다 오랑캐꽃이며 패랭이꽃은 지난해보다 더 불안하게 피었다 졌다 가을은 오는 듯 가출한 아이들과 임시 천막을 거두고 새처럼 사라지고 사산된 아이들이 계곡에서 우는 소리가 겨울의 비를 온몸 안으로 우우우 흩어놓곤 했다 눈도 오지 않는 겨울

사람을 찾아오는 길 하나
불치의 병처럼 갈 줄 모른다

이반 데니소비치의 하루

 봄이오, 1985년 3월이오, 재채기가 만발하는 데모로다
 이반은 최루탄 살포 지역을 피해 급히 충무식당으로
뛰어간다 일인분의 밥그릇에 수북이 차오르는 백반의
높이가 가장 확실하게 두툼한——

나는 부활할 이유가 도처에 없었다

1
봄은 부활절 이전에 부활해서 신문에 난 자신의
사진을 확인한 뒤에야 화염방사기를 주문했다

아무도 부활하지 않는 부활절이 오고

봄은 여름보다 먼저 왔다는 물증을 확보하기 위해
3월의 달력을 찢어 역사의 행간에 끼워두었다
(그러나 봄이 겨울보다 늦게 왔다는 물증으로 나는
12월·1월·2월의 달력을 모두 역사의 행간에 끼워두 었다)

2
봄은 내 몸에 5cc 주사기로 아지랑이를 혈관에 퍼질러 놓았다
봄은 내 허파의 갈라진 아스팔트 사이로 들풀을 진격시켰다
봄은 내 신장에 콩과 팥을 심고
봄은 내 몸을 지구의 축에 매달아 돌렸다 나는
봄에 자전하는 서울의 地區로 아롱거렸다

3
나는 봄에게로 가서 어떤 의미가 되지 않았다 나는
기혼 남자였고 아내가 무서웠기 때문이다
나는 봄에게로 가서 꽃이 되지 않았다 내가
인간으로 태어난 사실을 남들도 다 알고 있었기 때문이다
나는 봄에게로 가서 부활하지 않았다 나는
호적에 사망 신고가 되어 있지 않았기 때문이다

4
나는 부활절 이전과 이후에도 부활하지 않았다 전경처럼
개나리 편대의 노란 폭발음에 더 독해지는 최루탄처럼
화장을 하고서야 안심하는 아내의 화장독처럼 나는
살아 있었으므로 부활할 이유가 도처에 없었다

오 늘

내일이면 나도 모른다
내일 아닌 오늘은
여자는 모두 예쁘구나
고백 수기로 가득찬
여성지를 든 여자가
고백 수기만큼
매니큐어 한 여자가
페디큐어 한 여자가
돈짝만한 귀고리를
두 귀에 단 여자가
정말 돈짝만큼 예쁘구나

내일 아닌 오늘은
성형 수술에 실패한
짝짝이 쌍꺼풀의 여자가
짝짝이로 예쁘구나
입술 연지로 다 못 가린
파리한 입술의 여자가
스커트의 중심이
한쪽으로 기울어

두 쪽 엉덩이의 크기가
달라진 여자가 예쁘구나
큰 쪽 엉덩이의 크기로
예쁘구나
내일이면 나도 모른다
그러나 내일 아닌 오늘은

III

모래와 코카콜라

물이 밀어올리고 물이
펼쳐놓은 先山川의
모래야 작은 모래야
너의 우주에도 석류나 치자
제라늄 뭐 그런 꽃이
피기는 하는가 그런 꽃의
계절이 돋기는 하는가
너의 방에 켠 먼지 같은
등이 꺼졌다 켜졌다 한다

엉덩이를 모래 사이에 쑤셔넣고
코카콜라 빈병 주둥이
(미제 지대공 미사일 탄두!)
고개를 쳐들고 웃고 있다
물이 밀어올리고 펼쳐놓은
先山川 모래밭
작은 모래야

해태 들菊花

해태 들菊花——
해태 들菊花——

꿀벌이 껌을 꺽꺽 씹으며
날아간다

들菊花 만발한 안산 동부 지구

監視哨의 그늘을 파랗게 뚫으며
풀들
침을 영혼에 넘기는 소리

빙그레 우유 200ml 패키지

1. '양쪽 모서리를
   함께 눌러주세요'

   나는 극좌와 극우의
   양쪽 모서리를
   함께 꾸욱 누른다

2. 따르는 곳
   ⇩

   극좌와 극우의 흰
   고름이 쭈르르 쏟아진다

3. 빙그레!

   ──나는 지금 빙그레 우유
      200ml 패키지를 들고 있다
      빙그레 속으로 오월의 라일락이
      서툴게 떨어진다

4. ⇨

5. ⇨를 따라
   한 모서리를 돌면

   빙그레——가 없다

   다른 세계이다

6. ⇧ 따르는 곳을 따르지 않고
   거부한다

   다른 모서리로 내 다리를
   내가 놓는 오월의 음지를
   내가 앉는 의자의
   모형을 조금씩 더
   옮긴다…… 이 地上
   이 地上 오월의 라일락이
   서툴게 떨어진다

MIMI HOUSE
—— 인형의 집

미미의 집은 DM8611
미미가 혼자 산다고 전해지지요
북구풍 연분홍색 2층집
타원형 창문이 현관 좌우로
하나씩 이층에도 좌우로
하나씩 다락에는 둥근
들창의 유리가 우물처럼
하늘을 잠그고 있다고 전해지지요

금빛 열쇠로 현관문을 열면
아름다운 미미가 웃으며 아직도
살아 있는 기적의 우리를
맞이한다고 말들 하지요
북구풍 둥근 들창에는 구름이
구름이 늘 씻기고
미미의 집은 미미까지 합해서
35,000원 금빛 열쇠가 우리를
허락한다고 말들 하지요

미미에게는 멋쟁이 언니 발레리나

미리, 스튜디어스 유리와
다정한 안나란 친구가 있다고
전해지지요(부모가 있다는 말은
들은 바 없지만) 신나는
드라이브를 즐길 하이킹 세트와
야회복과 우유를 먹으면 오줌을 싸는
인형과 가발과 화장품과
COOKING SET가 있다고 전해지지요
응접 세트와 딜럭스 침대와
호화로운 욕실이 있다고
전해지지요 미미의 집에는

뜰에는 잔디가 길을 비키고
미미의 집은 미미와 합해서
35,000원 초인종을 눌러도
현관문을 연다고들 하지요
미미는 미미의 집에서 산다고들
하지요 언제나 웃는다고
하지요 당신이 쥐어박아도
옷을 벗겨도 물을 먹여도

미미는 웃는다고 전해지지요
모가지만 그대로 두면

(미미 클럽 회원을 모집하고 있어요!)

가끔은 주목받는 生이고 싶다

선언 또는 광고 문안
단조로운 것은 生의 노래를 잠들게 한다.
머무르는 것은 生의 언어를 침묵하게 한다.
人生이란 그저 살아가는 짧은 무엇이 아닌 것.
문득──스쳐 지나가는 눈길에도 기쁨이 넘치나니
가끔은 주목받는 生이고 싶다──CHEVALIER

개인 또는 초상화
벽과 벽 사이 한 女人이 있다. 살아 있는 몸이 절반쯤만
세상에 노출되고, 눌러쓴 모자 깊숙이 감춘 눈빛을 허리를
받쳐들고 있는 한 손이 끄을고 가고.

빛 또는 물질
짝짝이 여자 구두 한 켤레가 놓여 있다
짝짝이 코 끝에 영롱한 스포트라이트의
구두 발자국.

롯데 코코아파이 C.F.

1. 어깨가 사관생도의 제복처럼 볼록한
   흰 투피스를 입고, 가수 이은하가
   흰 빵모자를 쓰고 오른손 검지를 빳빳하게 세우고
   말한다──입맛이 궁금할 때 맛있는 게 무어냐
   이은하의 눈과 귀는 웃고, 왼손에 쥔
   뭉텅한 마이크의 오렌지색 대가리가 巨하다

2. 십대 바이올리니스트와 첼리스트는
   무조건 즐겁다
   롯데 코코아파이──
   (짜라잔잔잔)

3. 클로즈업된 코코아파이──거대한
   코코아파이를 괴물의 두 손이 빠갠다
   코코아 비스킷 속에 매쉬맬로우가
   제4빙하기같이 눈부시게 계곡을 덮고 있다

4. 이은하가 모가지를 삐딱하게 하고
   고백한다──난 그 맛에 반했어
   난 정말 반했어

코코아파이를 쥔 왼손은 내 쪽으로 내밀고
   오렌지색 대가리만 자기 입 쪽으로 당긴다!

5. 童女 셋 合唱
   ——이름만 들어봐도
   침 넘어가요

6. 드디어 이은하가 마이크를 오른손으로
   옮겨잡고 왼손바닥을 쪽 펴고
   마지막 순간을 향하여 눈을 치켜뜨고
   입을 크게 벌리고 소리친다
   ——확실히 맛있는 걸 찾을 땐

7. 이은하 뒤에서 한 사내가 노래한다
   ——그럼요 그럼요

8. 클로즈업된 이은하의 눈꼬리가 동서로
   치닫는다 불타는 입술 사이에 가지런한
   흰 이빨이 남북으로 부닥친다
   (이은하는 지금 롯데 코코아파이 C.F.

속에서 즐긴다)

롯데 코코아파이에 들어 있는——
희망 소비자
가격 100원

자바자바 셔츠

자아바, 자아바
쿵(발을 구른다)
고올라, 자바
짝짝(손뼉을 친다)
아무 놈이나
쿵, 짝짝

자아바, 자아바
쿵(발을 구른다)
고올라, 자바
짝짝(손뼉을 친다)

여기는 남대문시장 오후의
난장이다 티를 파는 李씨는
리어카 위에 올라 肉鐸을 친다
하루의 햇빛은 쿵 할 때마다 흩어지고
짝짝 손뼉에 악머구리처럼 몰려오고
여자들은 제각기 두 발로 와서
李씨의 가랑이 밑에 허리를
구부린다 엘리제 카사미아 캐논 히포

아놀드 파마 새미나 마리안느를
두 손으로 잡는다 건방진 여자들은
한 손으로 제 얼굴까지 바싹 끌어당긴다

상가의 건물은 金剛의 영혼으로
여자들의 어깨를 짚고
여자들은 우뚝 선 李씨 무릎 아래 엎디어

자아바, 쿵
(잡는다)
고올라, 자바
짝짝
(골라잡는다)
고올라, 고올라
(잽싸게 고른다)
자바자바
(끌어당긴다)

여기는 서울의 난장이다
李씨는 잡히는 대로 티를

구석으로 팽개친다

자바자바
그놈
골라자바
그놈

NO MERCY

———근육질의 남 리차드 기어
　　　섬유질의 여 킴 베신저

키스 신
(상상하시오)

(14 : 20분. 광고 회의는 아침 10시부터 계속된다. 출입문 구석에 놓인 중화요리 그릇 더미 틈새기로 짜장면 방향이 탁자 위에 구겨진 이불처럼 몸을 포갠 키스 신들 위로 덮친다. 남녀 주인공을 음각한 문안을 낸 朴氏는 일찌감치 지친 尹氏의 귓속으로 아리랑의 열반 무늬를 들여보낸다. 李部長은 거 뭐 짜릿한 거 없어를 연발하며 두 다리를 탁자 위로 올린다. 건대 학생 데모 사건에 연루된 아들 소식이 궁금한 朴氏는 집으로 전화를 또 한다. 따리리, 따리리리, 따리, 따리리리…… 남녀가 껴안고 뒹구는 사진을 한눈으로 보며 다이얼을 돌리던 그는 문득 아득히 손을 멈춘다. 따리리, 따리, 따따리, 따리리리…… 部長은 朴氏의 메모를 보고 낄낄 웃는다.

———관능의 모르스 부호 타전 시작!

베드 신
(상상하시오)

(소주병이 들어오고, 오징어 다리가 찢어지고, 한 잔씩 카아 하고, 증권 시장에서 막차를 탔다가 본전을 축낸 尹氏는 연달아 석 잔을 쭈욱 하고, 16:10분. 체감 온도가 급상승한 우리들은 킴 베신저부터 시작 리차드 기어의 물건까지 품평하고 部長은 마무리 문안을 대충 긁어던지며 못 먹어도 고! 하고 볼펜을 놓았다.)

——운명의 사슬에 엮어진
체온 37도 8부의 남녀

반나신 포옹 신
(상상하시오)

(세 사람은 사우나탕으로 가고, 나는 집에서 한국형 장티푸스를 앓고 있는 뜨거운 아내 몸을 떠올리며 존다. 18:40분. 잠깬 나는 앵무새 문신을 한 여자의 상반신

나신을 본다. 운명의 체감 온도는 37도 8부. 나는 구급
함에서 체온계를 꺼내 겨드랑이에 끼고 서울의 동쪽을
껴안는다. 3분 뒤 꺼내보고 다시 털어서 끼고 5분 뒤에
꺼내본다.)

  비정의 사랑이여 나의 세포
  은하수여 체온계는 36도 4부에
  턱걸이를 하다 쪼그라들고 있다

  ——절찬리 상영중

  근육질과
  섬유질
  그들끼리만 열나게 뜨거운
  세상

  세상이 있단다
  아가야

사냥꾼의 딸
───14시 10분~14시 30분 사이

 사각바 열 개를 求하기 위해 나는 한 神殿에서 이마에 땀을 흘리며 웅혈의 아이스박스를 뒤졌다 多神은 불편해라 서로 굽힌 허리가 걸린다

 젊은 주부 하나 사랑의 비비콜 한 상자를 갈구했다 제단에서 비비콜 한 상자를 끌어내려 司祭는 먼지를 탁탁 털었다 오, 높은 곳의 사랑은 끝이 없고 낮은 곳의 계곡은 깊고 무서워라

 한 사내가 波羅密多의 아리랑 한 곽을 求했다

 한 사내가 金剛의 소주 두 병을 求했다

 한 여자가 改新의 맥주 다섯 병을 求해갔다

 늙은 영감은 오지 않았다

 신도가 오지 않는 잠깐 동안 신전에서 초여름이 시꺼먼 발가락을 내밀고 무좀을 긁었다

 세 살짜리 기집애가 拜金의 초콜릿 하나를 돈 없이 집었다 司祭는 엄마를 데리고 오라고 고함을 질렀다

 한 손에 초콜릿을 쥔 채 기집애는 가지 않고 으앙으앙 울었다

 엄마는 산너머 사냥을 가고 없었다

 초여름 바람이 사냥꾼의 땀냄새를 갈고리로 긁어 기집애의 얼굴에 척척 붙였다 祝福이여 祝福이여

프란츠 카프카

—— MENU ——

    샤를 보들레르   800원
    칼 샌드버그   800원
    프란츠 카프카   800원

    이브 본느프와   1,000원
    에리카 종   1,000원

    가스통 바슐라르   1,200원
    이하브 핫산   1,200원
    제레미 리프킨   1,200원
    위르겐 하버마스   1,200원

시를 **공부**하겠다는
미친 제자와 앉아
커피를 마신다
제일 값싼
프란츠 카프카

눈의 老化——나이 탓만은 아닙니다

내 눈의 금수강산 水晶體의
능선에는
동족 상잔의 포화가 날고 있다

늙어버린 아이들이 참호와 포연 사이로
먹을 것을 찾아
알프스山의 羊떼처럼
고개를 떨어뜨리고 걷고 있다

——눈 노화 지연 및 수정체 혼탁
　　예방 치유 '케시딘'
혹은 공기
혹은 물

나는 약을 찾아 약방을 기웃거린다

그것은 나의 삶

한 쌍의 남녀(얼굴은
대한민국 사람이다)가
사막을 걸어가고 있다

한 쌍의 남녀(카우보이
스타일의 모자를 쓴 남자는
곧장 앞을 보고——역시
남자다, 요염한 자태의 여자는
카메라 정면을 보고——역시
여자다)가 사막을 걸어가고 있다

이렇게만 씌어 있다
동일레나운의 광고
IT'S MY LIFE——Simple Life

(심플하다!)

Simple Life, 오, 이 상징의
넓은 사막이여
사막에는 生의 마팍에 집어던질
돌멩이 하나 없으니——

⟨해 설⟩

무거움과 가벼움

김 현

　시가 어려워지는 것은, 때로 시가 시인의 마음의 움직임을 보여주기를 거부하고, 시 자체의 모습을 다시 생각해보려 하는 경향을 드러내기 때문이다. 시는 그때 시의 시성을 되새겨보는 반성의 자리가 된다. 반성은 그것이 아무리 구체적이려고 노력하더라도 구체성을 벗어나 관념의 색채를 띠게 마련이다. 그 관념이 원초적 감정, 그리움·쓸쓸함·외로움·기다림…… 등의 감정에 길든 마음을 당황하게 한다. 오규원이 시에서 노리는 것은 그러한 마음의 반응이다. 시인이 시에서 시원의 자리를 노래하는 대신 그 자리를 가능케 하는 여건들에 대한 반성을 시도하게 되는 것은, 그 시원의 자리들이 때로 지나치게 상투화되어, 그 구체성을 잃고 개념화해버리기 때문이다. 구체성을 잃고 개념화해버린 시원의 감정들을 시인은 무겁다고 느낀다. 그 무거운 감정들을 싣고 있는

시도 물론 무겁다. 무거울 때는 조그만 것이라도 떨어져 나가면 홀가분해진다. 시인이 나무에 대해서,

> 몸이 무거운 나무에게는 떨어지는
> 잎 하나도 기쁨이다 (p. 19)

라고 말하고 자기와 시에 대하여,

> 나는 내가 무거워
> 시가 무거워 배운
> 작시법을 버리고 (p. 41)

라고 말하는 것은 그것 때문이다. 그렇다면 모든 것들은 왜 무거워지는 것일까?

> 우리는 어디서나 앉는다
> 앉으면 중심이 다시 잡힌다 (p. 12)

라고 시인이 말하는 것을 들으면, 앉아, 중심을 잡기 때문에 무거워진다. 물론 가볍게 앉을 수도 있지만, 중심을 다시 잡은 것들은, 그것이 감정이건, 순수 대상이건,

> 온몸의 무게로 앉으니까 (p. 29)

무거워진다. 무거워지면, "주변이 슬그머니 정돈된다" (p. 29). 어느 틈엔지, 무질서, 여유는 없어지고 "감당하

기 힘든 한 세계의"(p.29) 무게에 눌려, 모든 것이 정돈되어버린다. 앉아, 무게를 잡고, 무거워져, 주변을 정돈하는 것은, 움직이지 않고, 말이 없어지게 하는 것에 다름아니다. 그것은 삶을 침묵케 한다. 그래서 시인은

머무르는 것은 生의 언어를 침묵하게 한다. (p.100)

라고 잠언투로 말한다. 그렇다면, 머무르지 않고, 침묵하지 않은 것이 삶이며 시라는 것일까? 무게 없는 날렵한 것들만이 삶이며 시일까? 아니, 삶의 언어는 언제나 가볍고 움직이는 것일까? 시인은 그렇다고 말하고 싶어한다. 삶의 언어는 모든 것을 받아들여야 하기 때문이다.

"내가 내 언어에게 자유를 주었다"(p.11)라고 시인은 선언한다. 너는 자유로우니, "마음대로 뛰어라"(p.11)라고 시인은 외친다. 왜? 말은 내 '육체의 현실'이며, 내 '욕망의 성기'이기 때문이다. 말은 육체의 현실이다. 말이 없으면, 내 육체가 무엇을 원하는지 알 수 없기 때문이다. 말은 욕망의 성기이다. 말을 통해 내 욕망은 사출되기 때문이다. 말은 모든 것을 받아들이고, 사출한다. 그 말은 그의 한 시에서 꽃으로 형상화되어 있다.

꽃이 잎과 줄기와 향기로
꽃밭을 몸 안으로 잡아당기듯
꽃이 꽃밭의 육체를 잡아당겨

젖가슴을 내놓고 가랑이를 벌리듯
꽃밭의 꽃이라는 꽃은 모두 손에
잡히는 세계를 몸 속으로
몸 속으로 밀어넣듯

욕망의 성기며 육체의
현실인 말은
오늘도 (p.40)

꽃은 꽃밭의 모든 것을 몸 안으로 이끌어들여 꽃을 만든다. 이 장엄한 꽃과 꽃밭의 어우러짐은 말과 세계의 어우러짐을 감각적으로 표상하고 있다. 세계는 세계를 끌어들이는 말 앞에, 말의 몸 속에, 젖가슴을 내놓고 가랑이를 벌린다. 말은 세계의 몸을 열고 들어간다. 그런데, 기묘하게도, 시인은 꽃은 잡히는 세계를 몸 안으로 밀어넣는다라고 표현한다. 말은 세계의 몸을 열고 들어가는 것이 아니라, 세계의 몸을 열고 세계를 자기 몸 안에 끌어들인다. 몸을 여는 것과 끌어들이는 것은 그것이 꽃이든 말이든, 하나가 된다. 여는 자가 끌어들이는 자이며, 끌어들이는 자가 여는 자이다. 성기——밀어넣으니 남성기겠다——는 현실——받아들이니 여성기겠다——이다! 꽃과 말은 자웅동체이다. 그 자웅동체는 자기가 생성의 자리이며, 생성의 결과이다. 삶의 말은 자웅동체의 말이기 때문에 자유롭다. 그것은 무엇이든 될 수 있다. 무엇이든 열고, 무엇이든 받아들이는 말은 자유롭지만, 그 자유는 중심을 잡고 주변을 정돈하는 무거운 구체성에 비해 관념적인 자유가 아닐까? 그런 비판을 예감이라도 한 듯, 아니 미리 그런 비판에 대답하듯, 시인은

> 나는관념이고형체가없으므로空이다 (p. 14)

라고 말한다. 자웅동체인 말은 선(禪)의 공과 같다. 모든 것을 받아들이며, 모든 것을 낳는 공(空)! 그 텅 빔을 관념이라고만 비평할 수 있을까? 자신을 비우면, 그 어떤 것 앞에서도 가벼울 수 있는 것이 아닐까? 과연 시인은

> 나는 나를 비워두었으므로 바다 앞에서 조금도 이상하지 않았다 (p. 28)

라고 말한다. 텅 비어 있는 공의 삶은 굳어 무게 잡은 것들의 허위성을 드러낼 수 있다. 또한, 아니, 바로 공의 시학은 모든 것을 시로 만들 수 있다. 그것은

> 주민등록증 번호를 시라고
> 하면 안 되나
> 안 된다면 안 되는 모두를
> 시라고 하면 안 되나 (p. 41)

라는 과감한 발언을 낳는다. 그러나 다시 한번, 그 공의 비판적 기능을 인정한다 하더라도, 그 공의 자유는 삶의 터전에서 떨어져나온 유령의 자유가 아닐까?

오늘 나는 유령이다
내가 물로 흐르거나
내가 피로 흐르거나
사건이거나
사물이거나
그건 유령의 자유다 (p. 43)

무거운 것을 못 견디어하는 삶의 언어는 공의 자유, 유령의 자유를 낳는다. 아니 삶의 언어는 공의 자유 자체이다. 그 자유는 유쾌함과 풍자(p. 43)를 낳는 자유이며, 동시에 아무것도 안 함으로써 패배하는(p. 68) 자유이다. 유령의 자유는 패배하는 자유이기도 하다.

오규원이 어떻게 해서 유령의 자유에 탐닉하게 되었는가를 밝히는 것은 쉬운 작업이 아니다. 그렇다고 그것이 완전히 불가능한 것도 아니다. 나는 그가 가볍게 그에 대한 모든 개인적 사항을 감추고 있음에도 불구하고, 그의 유령의 자유가 고향의 상실, 시원의 자리의 상실과 관련되어 있음을 암시할 수 있다. 보라,

증명서도 없이 도지는 봄 속에
고향을 떠나서 화농하는
상처 속에 (p. 46)

라는 시행이나,

> 뒹구는 돌
> 내가 구둣발로 차고 가는구나
>
> 내 구둣발에 차이는구나
> 버려진 고향처럼 (p.53)

이란 시행은, 시인이 고향 떠남을 자유로 교묘하게 바꿔치고 있음을 보여준다. 자유는, 그 바꿔치기를 다시 바꿔치면, 뒹구는 돌의 그 뒹굶이다. 뿌리뽑힌 채, 타향에서 떠도는, 아니 뒹구는 시인은, 그것을 한탄하는 대신, 그 조건 자체를 시학의 기본 구조로 만든다. 오규원 시의 시적 성취는 고향 떠남을 슬프게 노래하는 대신, 그것을 공의 시학으로 바꿔치고, 그것에 의거해 떠나지 않는 모든 것의 허위성을 비판하는 데서 얻어진다. 그의 시학을 나는 부정적 신학이라는 말의 부정적이라는 어사를 빌려 부정적 시학이라고 부르고 싶다.

오규원의 부정적 공의 시학은, 텅 빈 것은 모든 것을 받아들이고, 모든 것을 낳기 때문에, 색의 시학이기도 하다. 그의 시에 나오는 저 무수한 대상들과 욕망은 색의 세계의 만화경을 절절히 보여준다. 그 색의 세계는 단순한 아름다움의 세계가 아니라, 우유가 흰 고름으로 보여지는(p.95) 화농의 세계이다. 그 오규원의 세계에서 특이한 것은, 그 화농의 세계 때문에 색의 세계가 아름답다는 전도된 시선이다. 예를 들어, 시인은 나무를 "대지의 수도꼭지"(p.60)라 상상하고, 가을의 누런, 지는 잎을 "내장의 고름"이라고 상상한다. 나무들은 남과 북에서 일시에 고름을 뱉아낸다. 그것은 "누런 고름의 통일"이다. 시인은 거기에 덧붙여

〔……〕 무엇보다
통일로 보는 내 눈이 아름답구나 (p.60)

라고 말하고 있는데, 과연, 누런 잎을 고름이라 상상하고, 그 잎을 남과 북에서 동시에 떨어뜨리고 있는 가을의 현상을 고름의 통일이라고 보는 시선은 끔찍하게 징그러운 상상력에서 나온 시선이다. 그 시선에 의하면,

아름다운 것은 결국 상처가
날 수 있는 나와 너의
살아 있는 육체 (p.61)

이다. 고름을 떨어뜨리는 나무처럼, 육체가 아름다운 것은 상처가 생겨 고름을 만들 수 있기 때문이다. 육체는 흠이 없어 아름다운 것이 아니라, 상처가 날 수 있어 아름답다. 육체는 상처만 나면 고름이 흘러내리는 고름 주머니이다. 고름이 다 흘러내리면, 피는 깨끗해지고, 육체는 다시 새 고름을 준비하리라…… 그 화농하는 육체를 아름답게 보는 시선은, 당연히, 꽃은 아름답다는 것을 편견이라 생각하며, "〔송충이의〕 보송하게 살이 잘 오른/가슴이며 아랫도리"(p.51)가 훨씬 더 아름답다고 본다. 고름을 간직하고 있는 육체는, 아름다움이 썩음이

라는 것을 보여주기 때문에 아름답다. 송충이는 징그럽다는 편견 때문에 송충이는 아름다우며, 꽃은 아름답다는 편견 때문에 꽃은 아름답지 않다. 그런 말투를 빌리면 색이 아름다운 것은, 색이 아름답지 않기 때문에, 색이 공이기 때문에 아름답다. 오규원의 색의 시학은 시체의 부패에서 꽃의 개화를 본 보들레르의 추의 시학에 연계되어 있다.

공의 언어는 색의 언어이다. 모든 것을 받아들이고, 모든 것을 낳는 언어는 굳어 있는 것, 받아들이거나 낳지 못하는 것을 야유하고 풍자하는 언어이다. 야유하고 풍자하기 위해서는 굳어 있는 상태를 잘 알아봐야 한다.

사랑에는 길만 있고
법은 없네 (p. 50)

라고 시인은 말하고 있는데, 야유하고 풍자하는 데에도 길만 있고 법은 없다. 어떻게 해야 된다라는 규제가 세워지자마자, 그 규제 자체가 야유·풍자의 자유스러움을 막는다. 그래서 야유하고 풍자하는 데에도 길만 있다. 사랑에 길만 있고 법은 없듯이. 오규원은 야유나 풍자의 법을 보여주지는 않고, 그것의 길만을 보여준다. 그러나 길을 따라가는 사람은, 동화 속의 어린애들처럼, 되돌아오기 위해 길에 표지를 남긴다. 나도 그런 표지를 하나 남기고 싶다. 오규원의 야유와 풍자는 때로, 유명해진 시행들을 향한다. 그것이 오규원 시의 특색 중의 하나이지만, 책과 책에 씌어진 유명해진 말들은, 그의 머릿속에서 너무 무거워져, 그는 그것을 내려놓고 싶어 안달을 한다.

  구름떼
  구름떼
  (이하 각각 다른 '구름떼' 13번 생략)

이나,

  발자국 소리
  발자국 소리
  (이하 각각 다른 '발자국 소리' 13번 생략) (p. 36)

같은 시구의 13번 생략은 이상(李箱)의 「오감도」에 나오는 13명의 아이들에 대한 악의 없는, 혹은 악의 있는 야유이며——묘사의 한 유형으로 받아들였다는 점에서는 악의가 없으나, 다른 묘사를 선택하지 않고 그 유형을 선택했다는 점에서는 악의가 있으며, 그것이 너무 유명한 묘사법이 된 것을 빈정거리고 있다는 점에서 야유이다——,

  나는 어리석은 독자를
  배반하는 방법을
  오늘도 궁리하고 있다 (pp. 41~42)

와 같은 시구는 보들레르의 독자에 대한 야유를 공식화하고 있다. 또한,

> 비종교인인 내가 불러도 싸늘한 어감의
> 하느님, 좀 추상적이기는 하지만
> 그래도 아직 추상적이어서 제 맛이 나는
> 하느님, (p.61)

이나,

> 나는 봄에게로 가서 어떤 의미가 되지 않았다 나는
> 기혼 남자였고 아내가 무서웠기 때문이다
> 나는 봄에게로 가서 꽃이 되지 않았다 내가
> 인간으로 태어난 사실을 남들도 다 알고 있었기 때문이다
> (p.87)

같은 시구들은 분명히 김춘수를 목표하고 있다. 더 정확히 말하자면, 김춘수의 유명한 시행들을 겨냥하고 있다. 그런가 하면,

> 엄마엄마이리와요것좀보세요
> 개나리꽃밭에오늘은봄비가병아리로종종거리고
> 노랗게종종거리는봄비를개나리가데리고
> 언덕너머대학에서온페퍼포그의
> 아랫도리사이로떠돌아요 (p.71)

같은 시구는 널리 알려진 동요를 뒤집어버림으로써, 어린애들의 순진무구한 감정을 페퍼포그의 매운 가스로 휩싸버린다. 세계는 그토록 순진하고 깨끗한 것이 아니다라는 것이다. 오규원이 이런 식으로 널리 알려져 하나의 상투적 표현이 된 시행들을 야유·풍자하는 것은, 시인으로서, 그가 시적 흐름, 시의 사적 흐름에 민감하기 때문이다. 시인은 자기의 감정의 움직임에 민감하듯, 자기의 시사적 위치에 대해서도 민감하다. 그래서 그는 다른 시인·작가 들의 글을 안 읽을 수가 없으며, 때로 거기에 함몰하기도 하고, 때로 거기에 저항하기도 한다. 그의 반응이 어떠하든, 그는 책들에서 자유로울 수가 없다. 그는, 그래서,

골드만 같은 여의도
귄터 그라스 같은
카프카 같은
쇼핑 센터 (p.63)

라고 쓰며, "라이너 마리아 릴케 같은 스판덱스 브래지어" "아폴리네르 같은 팬티 스타킹" "에밀리 디킨슨의 하얀 목덜미 같은 생리대 뉴후리덤"(p.63), "하이네 같은 쌍방울표 메리야스" "워즈워스 같은 일곱 색 간지러운 삼각 팬티"(p.64)라고 쓴다. 세계와 사물은 책과 그 책을 쓴 사람들의 이름과 같아지거나, 비슷해진다. 고상한 것, 근사한 것은 일용적인 것, 필수적인 것과 같아진다. 책 속의 고상함은 일상용품의 일상성과 같다. 그는

모든 것을 책처럼 보려 하지만, 책은 이미 높은 곳에만 있지는 않다. 시가 그러하듯. 그런 의미에서

>시를 **공부**하겠다는
>미친 제자와 앉아
>커피를 마신다
>제일 값싼
>프란츠 카프카 (p.111)

와 같은 시는 끔찍스럽다. 시를 표현법 공부하듯 공부하겠다는 미친 제자의 미친 욕망이 그를 못 견디게 한다. 그들이 마시는 것은 제일 싼 카프카이다——카프카가 제일 널리 알려졌다는 뜻일까, 카프카 얘기를 하고 있다는 뜻일까, 카프카가 공부하기가 제일 쉽다는 것일까. 확실한 것은 시인이 자기 시를 공부하듯 읽지는 말아달라고 말하고 있다는 사실이다. 그의 시는 공부하듯 읽고 싶은 욕망을 일으킨다. 그의 시의 반성적 요소 때문이다. 그러나 그 욕망은 미친 욕망이다. 그의 시도 '유쾌한 방종'과 '풍자인 방임'(p.43)으로 읽어야 한다.

오규원의 재미있는 시들 중에서도 내 마음을 가장 사로잡은 시는 '둥글둥글'이라는, 「서울·1984·봄」이라는 시 속에 들어 있는, 그리 짧지 않은 시이다. 그 시의 첫 연은 특히 아름답다.

>당신이 벌린 입이 둥글고

배꼽이 항문이 내 아버지의
무덤이 둥글다
밥그릇과 국그릇이 둥글고
내일 아침 개나리 위에 맺는
이슬이 둥글다
아버지의 아들답게 나는
내일 아침 목련 위에 맺는
이슬 속에
내 무덤을 만든다 (p.38)

생존과 죽음이 다 같이 둥글다는 이 시구는, 이슬 속에 만드는 무덤이라는 놀라운——왜 놀라운가 하면, 큰 것이 작은 것 속에 들어가 있기 때문이다——이미지로 끝이 나지만, 내 상상력 속에서, 이 시는 자꾸만 증폭하여, 자리잡고 무게를 갖지 않는 가벼운 것은 다 둥글다라는 일반론으로 발전해나간다. 동그란 것은 멈추지 않고 구른다! 그렇다면 그의 시도 동그랗다. 그러나 놀라워라, 그 동그란 시는 썩고 있다. 고름투성이이다.